Olivia Wartha
Cordula Amann-Fischer

(Vor-)Lesegeschichten mit den Inselpiraten Finn und Fine

Komm mit in das gesunde Boot – Ein Programm der
Baden-Württemberg Stiftung

Autorinnen:
Olivia Wartha (M.A. Medienpädagogik) arbeitet als wissenschaftliche Mitarbeiterin an der Sektion Sport- und Rehabilitationsmedizin des Universitätsklinikums Ulm. Seit 2009 arbeitet sie im Bereich der Materialentwicklung des Programms zur kindlichen Gesundheitsförderung „Komm mit in das gesunde Boot".

Cordula Amann-Fischer arbeitete im Rahmen ihres Studiums „Bildungswissenschaft" im Bereich der Materialentwicklung des Programms zur kindlichen Gesundheitsförderung „Komm mit in das gesunde Boot". Im Rahmen ihrer Arbeit schrieb sie die hier vorliegenden Geschichten.

Pädagogischer Beirat:
Sabine Grau-Schoppel, Lisa Groß, Sabine Patzwaldt, Ulrike Schöttle

Arbeitsgruppe „Komm mit in das gesunde Boot" der Universität Ulm:
Prof. Dr. Jürgen Steinacker, Sektion Sport- und Rehabilitationsmedizin (Programmsprecher)
Prof. Dr. Dr. Olga Pollatos, Institut für Psychologie und Pädagogik, Abteilung Gesundheitspsychologie
Prof. Dr. Rainer Muche, Institut für Epidemiologie und Medizinische Biometrie

Weiterer Dank gilt:
Sarah Kettner, Susanne Kobel

Herausgeber:
Baden-Württemberg Stiftung

Verantwortlich:
Birgit Pfitzenmaier

Die Baden-Württemberg Stiftung setzt sich für ein lebendiges und lebenswertes Baden-Württemberg ein. Sie ebnet den Weg für Spitzenforschung, vielfältige Bildungsmaßnahmen und den verantwortungsbewussten Umgang mit unseren Mitmenschen. Die Baden-Württemberg Stiftung ist eine der großen operativen Stiftungen in Deutschland. Sie ist die einzige, die ausschließlich und überparteilich in die Zukunft Baden-Württembergs investiert – und damit in die Zukunft seiner Bürgerinnen und Bürger.

Gedruckt auf umweltbewusst gefertigtem, chlorfrei gebleichtem und alterungsbeständigem Papier.

2. Auflage 2018
Nach den seit 2006 amtlich gültigen Regelungen der Rechtschreibung
© Auer Verlag
AAP Lehrerfachverlage GmbH, Augsburg

Illustrationen: Julia Flasche, www.bombillu.com
Satz: Fotosatz H. Buck, Kumhausen
Druck und Bindung: Joh. Walch GmbH & Co. KG, Augsburg
ISBN 978-3-403-07330-7

www.auer-verlag.de

Inhalt

Das bunte Boot

Finn und Fine haben ein Ruderboot.
Sie wollen es anmalen.

„Ich will ein blaues Boot", sagt Fine.
„Ich will aber ein gelbes Boot", sagt Finn.

„Blau wie das Meer", ruft Fine.
„Gelb wie die Sonne", ruft Finn.

Da kommen Mama und Papa.
Sie haben eine gute Idee.

Finn und Fine finden die Idee lustig.
Das Boot ist nun blau mit gelben Punkten.

Wie malen die Kinder das Boot an?
a) Rot mit gelben Punkten
b) Blau mit gelben Punkten
c) Gelb mit blauen Punkten

Wo ist die Badehose?

Finn und Fine wollen zum Baden.
Finn findet die Badehose nicht.
„Wir finden sie", sagt Fine.

Sie laufen im ganzen Haus herum.
Mama findet die Badehose nicht.
Papa findet die Badehose nicht.
Finn und Fine finden die Badehose nicht.

„Miau", sagt Kater Oskar und rennt los.
Mama und Papa rennen hinter Oskar her.
Finn und Fine rennen mit.

Oskar rennt unter Finns Bett.
„Da ist die Badehose", ruft Finn.
Und Oskar war der Finder.
Oskar ist der Beste.

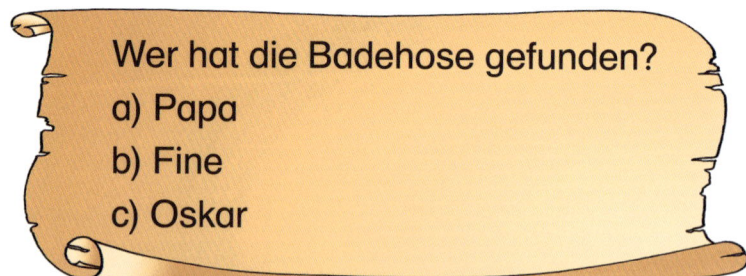

Wer hat die Badehose gefunden?
a) Papa
b) Fine
c) Oskar

Die Bande

 +

Das sind Finn und Fine.

Juri und Ole sind auch da.
Die vier sind eine Bande.
Eine Bande erlebt Abenteuer.

Heute sind die Freunde im Baumhaus.
Nun wird es dunkel.
Sie wollen nach Hause.
Da hören sie etwas.

„Uju." Das ist gruselig.
„Schuho." Das ist ein Monster.
„Buhu." Es hat gelbe runde Augen.
„Huhu." Die Kinder werden ganz blass.

Die vier machen die Augen zu.
Wegen der Angst.
Da kommt Papa, Gott sei Dank.
„Abendessen", ruft er.

Nun traut sich die Bande runter.

„Habt ihr den Uhu gehört?", fragt Papa.

„Uju, Schuho, Buhu, Huhu", rufen die vier.

Nun muss die Bande lachen.

Das war ein Abenteuer. Mutige Bande!

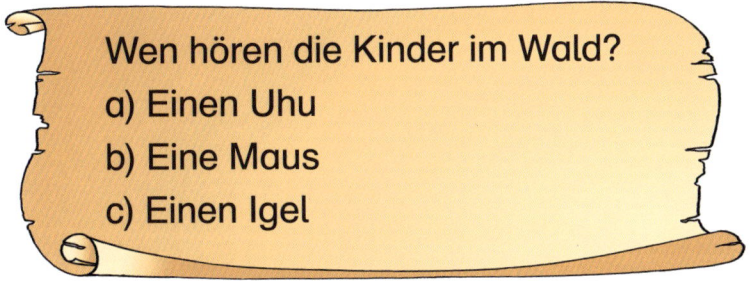

Wen hören die Kinder im Wald?

a) Einen Uhu

b) Eine Maus

c) Einen Igel

Der Traum

Finn träumt von einer Maus.
Einer ganz großen Maus.
Die Maus wohnt auf der Seegurke.
Die Seegurke ist ein Boot.
Die Maus ruft: „Guten Morgen, Piraten,
aufwachen!"
Nun ist Finn wach.

Fine träumt von einem Gespenst.
Einem ganz großen Gespenst.
Das Gespenst wohnt auf der Seegurke.
Die Seegurke ist ein Boot.
Das Gespenst ruft: „Guten Morgen, Piraten,
aufwachen!"
Nun ist Fine wach.

Finn erzählt Fine von seinem Traum.
„Mäuse können nicht reden", sagt Fine.
Fine erzählt Finn von ihrem Traum.
„Gespenster können auch nicht reden", sagt Finn.

Finn und Fine hören den Papagei Koko.
Er ruft: „Guten Morgen, Piraten, aufwachen!"
Finn und Fine lachen.
Nun wissen sie, wer sie geweckt hat.

Wer hat die Kinder geweckt?
a) Das Gespenst
b) Der Papagei
c) Die Maus

Urlaub in Italien

Die Piraten sind im Urlaub in Italien.
Fine schreibt Opa Blaubart eine Karte.

Hallo Opa Blaubart,
wir sind in Italien. Den ganzen Tag scheint die
Sonne.
Es ist sogar am Abend noch warm.
Papa sagt, wir trinken mehr Wasser als zehn
Kamele.
Es gibt hier andere Muscheln als auf unserer Insel.
Jeden Tag baden wir im Meer.
Leider hat der Wasserball ein Loch.
Haken-Paul hat ihn mit der falschen Hand
gefangen.

Heute haben wir eine Sandburg
gebaut.
Da hat dem Finn eine Möwe auf
den Kopf gekackt.
Mama sagt, das darf ich nicht
schreiben.

Ich soll „auf den Kopf gemacht" schreiben.
Aber jetzt steht es schon da.

Im nächsten Urlaub musst du mit.
Bis ganz bald
deine Fine

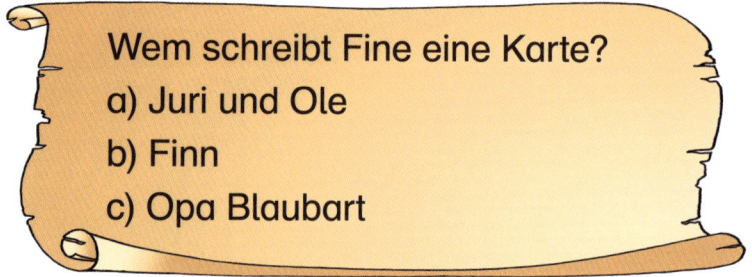

Wem schreibt Fine eine Karte?

a) Juri und Ole

b) Finn

c) Opa Blaubart

Finn und Fine im Zoo

„Wir waren gestern im Zoo", erzählen Finn und
Fine.
Juri und Ole wollen alles ganz genau wissen.
„Gab es da Elefanten und Lamas?", fragt Ole.

„Na klar und das Lama hat Finn angespuckt",
kichert Fine.
„Igitt", sagt Ole.
„Doofes Lama", sagt Finn.
„Stimmt", sagt Juri.

„Am größten waren die Giraffen", sagt Fine.
„Die haben einen ganz ganz langen Hals."
„Ui, waschen sie den jeden Tag?", fragt Juri.
„Ne, du etwa?", grinst Finn.

Juri tun die Giraffen leid.
„Die haben ja zwei Meter Halsweh", sagt er traurig.
Fine will Juri wieder aufmuntern.

„Am lustigsten waren die Affen", sagt sie.
„Die sind schnell und stark."

„Wir durften den Affen sogar das Futter geben",
sagt Finn stolz.

„Und was fressen die Affen?", fragt Juri.

„Am liebsten Obst, wie wir Piraten", sagt Finn.

„Darum seid ihr Piraten so gute Kletteraffen", lacht
Ole.

„Lasst uns auf den Mast klettern", ruft Fine.

Im Mastkorb erzählen wir noch mehr vom Zoo.

„Und essen Affenfutter", freut sich Juri.

Wer hat Finn angespuckt?

a) Ein Affe

b) Ein Lama

c) Eine Giraffe

Ich sehe was auf dem Boot …

Finn und Fine haben viele Freunde.
Juri und Ole sind die besten Freunde von Finn und Fine.
Mit besten Freunden zankt man sich nie.
Mit besten Freunden spielt man am liebsten.

Finn und Fine besuchen heute Juri und Ole.
Die vier Freunde spielen im Garten Fangen.
Da spürt Juri einen Tropfen auf der Nase.
Es regnet. Schade!

Finn hat eine Idee: Sie gehen zum Boot, dort ist es trocken.
Sie essen Obst und spielen „Ich sehe was auf dem Boot und das ist …".
Finn sagt: „Ich sehe was auf dem Boot und das ist gelb."
„Eine Banane, eine Banane", rufen die Kinder.

Juri sagt: „Ich sehe was auf dem Boot und das ist grün."

„Das ist eine Birne", ruft Fine.

Fine sagt: „Ich sehe was auf dem Boot und das ist rot."

„Ein Apfel", rufen Finn, Ole und Juri wie aus einem Mund.

„Ich sehe was auf dem Boot und das ist blau", sagt Ole.

„Ein Hut", sagt Juri.

„Nein, eine Hose", mault Finn.

„Schuhe, ist doch klar", ruft Fine.

Manchmal streiten auch beste Freunde.

Aber nur kurz.

Denn alle haben recht.

Nun sind sie wieder beste Freunde.

Was sieht Juri?

a) Etwas Grünes

b) Etwas Rotes

c) Etwas Gelbes

Das ETWAS

Es ist Herbst geworden.

Ein kalter Wind weht über die Insel.
Die Piratenkinder liegen noch im Bett.

Da ruft Papa Finn und Fine.
„Kinder, wir wollen in den Wald", sagt er.
„Raus aus den Federn."

Finn und Fine ziehen sich warm an.
Mama holt den Leiterwagen und los geht es.
Auf dem Weg liegen bunte Blätter.
Finn und Fine sammeln alle Farben.

„Ihr habt schon ordentlich was gefunden", staunt
Papa.
„Wir haben bunte Blätter, Moos und Äste", sagt
Finn.
„Und eine Feder und Kastanien", freut sich Fine.

Am Wegrand liegt ein ganzer Haufen Laub.
„Da bewegt sich etwas", ruft Fine und rennt los.

„Jetzt ist das ETWAS weg", mault Finn, „wegen dir."

Und keiner hat es gesehen.

Da kommt eine kleine Nase aus dem Laub.

„Das ETWAS ist ein Igel", freut sich Fine.

„Pssst", sagt Finn und legt den Finger auf die Lippen.

„Vielleicht kommt er doch noch raus."

Aber der Igel bleibt in seinem Laubhaufen.

Bis zum Frühjahr ist das sein Haus.

Und wer die Ohren spitzt, hört ihn leise schnarchen.

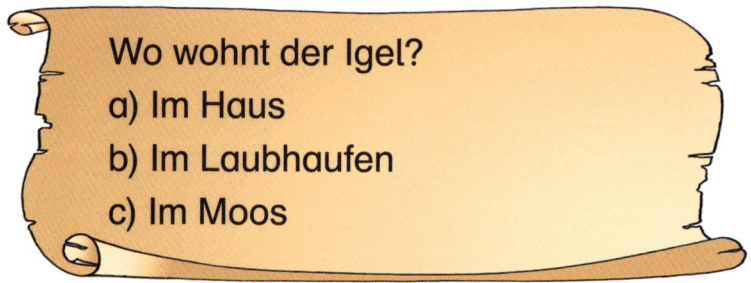

Wo wohnt der Igel?

a) Im Haus

b) Im Laubhaufen

c) Im Moos

Inselhüpfen

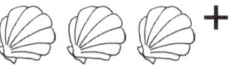

Juri und Ole schlafen heute bei Finn und Fine.

Die vier hüpfen im Bett um die Wette.
Finn springt einen doppelten Salto. Fast.
„Ach du dicker Mäusezahn", staunt Juri.

„Da wackelt ja die ganze Insel!", ruft Ole.
„Früher", sagt Finn, „war das Hüpfen auf der Insel
verboten."
„Streng verboten!", sagt Fine.
„Weil die Inseln noch keine Wurzeln hatten."

Juri sitzt da, mit offenem Mund.

Und Ole macht große Augen.

Finn und Fine schauen ganz ernst.

„Wurzeln?", fragt Ole.

„So richtige Wurzeln?", staunt Juri.

„Dick wie Baumstämme", sagt Fine und schaut ganz wichtig.

„Und so lang wie von hier bis zum Mond", sagt Finn.

„Manche wachsen durch das ganze Meer", erzählt Fine.

„Und kommen in der Wüste wieder raus."

„Als Kaktus", sagt Finn.

Das war zu viel. Finn und Fine prusten los.

„Ihr Landratten glaubt auch alles", rufen Finn und Fine.

„Ihr verlogenes Piratenpack", lachen Juri und Ole.
Dann fliegen die Kissen.
Die Freunde liefern sich eine wilde Schlacht.

Bis die ganze Insel wackelt.

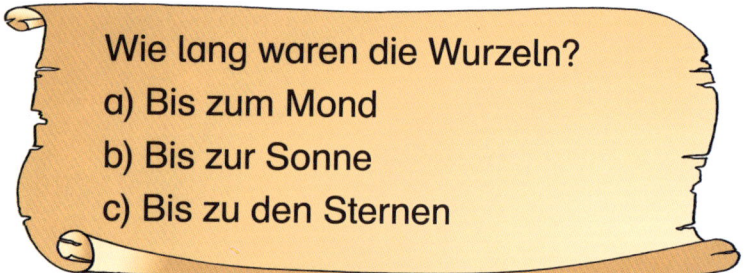

Wie lang waren die Wurzeln?
a) Bis zum Mond
b) Bis zur Sonne
c) Bis zu den Sternen

Der erste Piratenschultag

„Finn", fragt Fine, „bist du auch schon wach?" Die Piratenkinder sind aufgeregt. Heute ist ihr erster Schultag. Inselpiraten haben vor nichts Angst. Außer vor anderen Piraten.
Und ein bisschen vor dem ersten Piratenschultag.

Zum Glück hat Mama ein Kraftfrühstück gemacht. „Müsli,
Vollkornbrot und Quark, macht Piraten groß und stark",
singen Finn und Fine. „Frühstück ist oberpiratenwichtig",
sagt Papa, „sonst könnt ihr euch keine Seemannsknoten
merken."

Die Piratenkinder überlegen, was sie am ersten Schultag
wohl lernen.
„Schiffe entern und einen Schatz suchen", hofft Finn.
„Säbel rasseln und ein bisschen fluchen", wünscht sich
Fine.
„Und Flaschenpost schreiben und Muscheln zählen", sagt
Mama.

Die Kinder segeln mit der Seegurke zur Schule. So heißt
das Piratenboot. Finn und Fine haben sich den Namen aus-
gedacht. Weil sie so gerne Seegurkensalat essen.

Die Mannschaft wartet schon ungeduldig. „Potzblitz, das
muss gefeiert werden", ruft Jocke, der Oberpirat. Er schenkt
den Piratenkindern eine große Schultüte von der ganzen
Piratenmannschaft.

Die Piratenkinder sind neugierig und packen gleich alles aus. Vom Schiffskoch Knut ist das Piratenmesser. Säbel-Rudi und Haken-Paul schenken Finn und Fine ein Fernrohr.

Zahnlücken-Conny hat ein Säckchen Goldtaler in die Schultüte gepackt. „Zum Aufessen", sagt er, „die sind aus Schokolade." „Conny hat wohl zu viel davon gegessen", flüstert Finn Fine grinsend ins Ohr.

Von Mama und Papa bekommen sie einen Füller. „Mit echter Tintenfisch-Tinte", sagt Papa.

Der erste Schultag ist aufregend. Beim Abendessen erzählen die Piratenkinder, was sie erlebt haben. „Der Lehrer hat uns Piratenabenteuer vorgelesen", erzählt Finn, „und in der Pause durften wir Seemannslieder grölen." „Und Fangen spielen mit unseren neuen Piratenfreunden", freut sich Fine.

Die Piratenkinder sind jetzt müde. Sie malen ein Bild vom ersten Schultag. Dann fallen sie in ihre Betten und träumen vom nächsten Abenteuer.

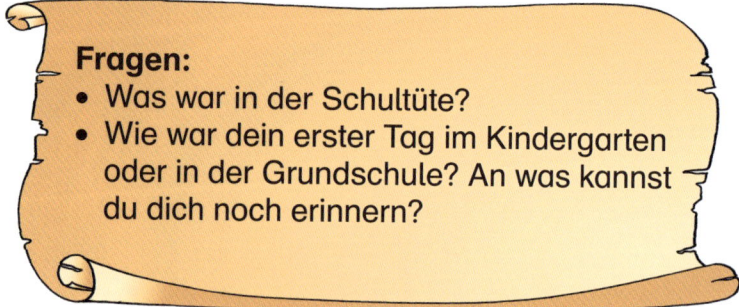

Fragen:
- Was war in der Schultüte?
- Wie war dein erster Tag im Kindergarten oder in der Grundschule? An was kannst du dich noch erinnern?

Das Seeungeheuer

Finn und Fine haben Herbstferien. Die Mannschaft ist mit der Seegurke auf großer Fahrt. Bevor der Winter kommt, müssen die Vorräte aufgefüllt werden.

Den Piratenkindern ist ein bisschen langweilig. Immer nur zu zweit spielen, macht keinen Spaß. Darum hat Mama Juri und Ole eingeladen. Juri und Ole sind Landratten. Und die allerbesten Freunde der Piratenkinder.

Finn und Fine warten schon ungeduldig am Steg. Nachdem die Freunde anlegen, möchte Ole fernsehen. „Nein, wir vier sind eine gefährliche Bande", ruft Finn.

Die wilden Piraten wollen die Insel erkunden. Vielleicht finden sie auch einen Schatz. Oder getrocknete Fischschwänze für den Inselkater Oskar. Oskar ist heute ein Tiger. Juri und Ole fürchten sich zum Glück nicht vor Tigern.

Mit ihrem Leiterwagen machen sich die Freunde auf den Weg. Sie sammeln große und kleine Muscheln. Fine verrät den Freunden ein Geheimnis. Wenn man die Muschel ans Ohr hält, kann man das Meer rauschen hören.

„Ein rotes Seeungeheuer", ruft Ole. Juri hat sein Netz dabei. Er will das Ungeheuer fangen. „Vorsicht, vielleicht beißt es", ruft Finn. Oskar spitzt die Krallen. Aber das Ungeheuer ist nur ein roter Gummistiefel. „Glück gehabt", sagt Ole. Oskar schnurrt entspannt.

Die gefährliche Bande ist lange unterwegs. Sie finden viele Schätze: Glitzersteine, Muscheln, bunte Herbstblätter, Treibholz und eine Piratenfahne. Das Treibholz schenken sie dem Tiger. Daran kann er die Krallen schärfen. Falls wieder mal ein Ungeheuer auftaucht.

Soviel frische Luft und Bewegung macht hungrig und durstig. Die gefährliche Bande macht sich glücklich auf den Heimweg. Der Wagen ist voll beladen mit Schätzen. Piraten lieben Schätze.

Zu Hause hat die Piratenmama schon Piratenbrote, leckeren Obstsalat und Seeräuberschorle vorbereitet. Nach den vielen Abenteuern schmeckt es allen noch mal so gut.

„Das war heute viel spannender als Fernsehen", freut sich Ole. Und damit er immer daran denkt, darf er die Piratenfahne behalten.

Fragen:
- Welche Farbe hat der Gummistiefel?
- Was haben die Kinder alles gefunden?
- Was kann man bei uns bei einem Herbstspaziergang alles finden?

Die Winterpiraten

Finn muss schon den ganzen Morgen niesen. „Gesundheit, Gesundheit, Gesundheit", ruft Fine. Finn möchte nicht krank werden. Bald kommt Opa zu Besuch.

Die Piratenkinder können es gar nicht mehr erwarten. Opa hat immer einen großen Seesack dabei. Mit Überraschungen für Finn und Fine. Und er kennt wilde Spiele und spannende Geschichten. Da wird es nie langweilig.

Opa Blaubart war der gefährlichste Pirat der Weltmeere. Jetzt muss er nicht mehr arbeiten. Er hat ganz viel Zeit. Zum Fische fangen und Sterne zählen. Zum Schätze polieren und Finn und Fine besuchen.

Die Piratenkinder klettern in den Mastkorb der Seegurke. Sie halten Ausschau nach Opa. „Schiff in Sicht", krächzt Finn. „Oje, deine Stimme klingt wie ein altes Reibeisen", sagt Fine besorgt.

„Da komme ich ja gerade zur rechten Zeit", begrüßt Opa Blaubart die zwei Piratenkinder. Opas Seesack ist prall gefüllt. Mit ganz viel Obst aus fernen Ländern.

„Mich laust der Affe, eine Vitaminbombe", ruft Finn. Er erinnert sich an die Schule. Vitamine sind wichtig. Für kleine und große Seeräuber. Finn holt Bananen, Birnen und Orangen aus dem Sack. Und Fine entdeckt Äpfel, Kiwis und eine Ananas.

Viel hilft viel, denkt Finn und möchte gleich das ganze Obst aufessen. Opa muss lachen. „Ein schlauer Pirat isst jeden Tag Obst und Gemüse", erklärt er Finn. „Seeräuberschätze kann man sammeln. Vitamine nicht."

Opa Blaubart war die Rettung. Finn fühlt sich schon viel besser. „Und was tun wir jetzt?", fragt er. Opa hat natürlich eine Idee. Der Schlitten wird zum Schneeboot.

„Schiff ahoi", rufen Finn und Fine, „volle Fahrt voraus." Vom Inselberg geht es in vollem Tempo bergab. Ohne Bremsen. Piraten haben keine Angst. Nur vor anderen Piraten.

Am Abend erzählt Opa noch Piratengeschichten. Finn und Fine sind müde und glücklich. So ein schöner Tag. Und Finn muss auch gar nicht mehr niesen.

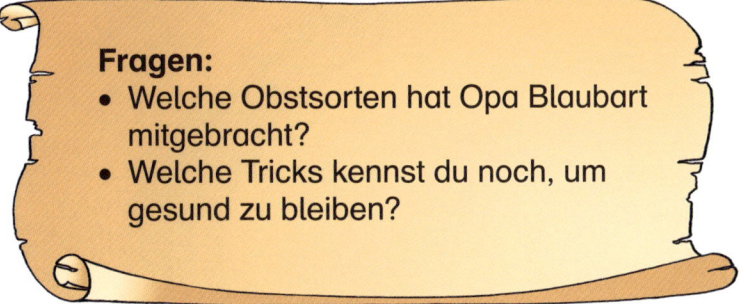

Fragen:
- Welche Obstsorten hat Opa Blaubart mitgebracht?
- Welche Tricks kennst du noch, um gesund zu bleiben?

Faschingsfest auf der Pirateninsel

Finn und Fine sollen heute nicht mehr fernsehen. „Sonst bekommt ihr viereckige Augen", sagt Mama, „wie Glotzaugen-Gregor." Die Kinder lachen. „Das ist Seemannsgarn", rufen sie. Manchmal erzählen auch Piratenmamas kleine Schummelgeschichten.

Finn und Fine wissen aber, dass alles wichtiger ist als Fernsehen. Vom weltbekannten Piraten Seebär. Den kennt jedes Piratenkind.

Fine hat eine Idee: „Wir feiern ein Faschingsfest." „Ein verflucht guter Einfall", ruft Finn. „Man soll nicht fluchen", sagt Mama. „Alles ist besser als Fernsehen", grinst Finn.

Finn und Fines Freunde bekommen eine Einladung. Natürlich mit der Flaschenpost.

An alle abenteuerlustigen Piraten und Landratten!

Einladung zum großen Faschingsfest
mit spannenden Spielen.
Kommt am nächsten Sonntag zu
unserer Pirateninsel.
Verkleiden ist Pflicht!

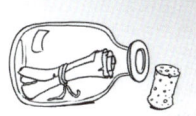

Eure Piratenfreunde Finn und Fine

Die beiden staunen nicht schlecht, wer am Sonntag alles am Steg anlegt. Juri und Ole, die zwei Landratten, kommen heute als Piraten. Dann gibt es noch drei Indianerhäuptlinge, eine Prinzessin, einen Drachen und eine Maus. Zum Glück ist Oskar heute keine Katze. Sondern ein Tiger. Tiger essen keine Mäuse.

Die Kinder spielen Piraten-Raten. Ole hüpft auf einem Bein und alle schreien: „Du bist Holzbein-Willy." Fine hält sich mit der Hand ein Auge zu und schaut gefährlich. „Klappen-Karl, Klappen-Karl", rufen die Kinder. Haken-Paul ist leicht, Finn versteckt eine Hand in der Jacke.

Nur Muskel-Max erraten sie nicht. Er hat Muskeln so groß wie Knödel. Das kann man nicht so leicht nachmachen. Die Kinder probieren ein paar Liegestütze. Vielleicht bekommen sie dann auch Knödelmuskeln. Am Schluss liegen alle prustend vor Lachen auf dem Boden. Piraten-Raten macht Spaß!

Es wird das wildeste und lauteste Faschingsfest, das es je auf der Insel gab. Obwohl sie heute gar keine Piraten waren. Außer Juri und Ole.

Alle haben rote Backen vor Freude. „Freunde", sagt Finn, „das machen wir nächstes Jahr wieder!" Zwei Piraten, drei Indianerhäuptlinge, eine Prinzessin, ein Drache und eine Maus fahren nach Hause. Und ab morgen sind Finn und Fine wieder Piratenkinder.

Fragen:
- Wie heißen die Freunde von Finn und Fine?
- Piraten schummeln manchmal ein bisschen. Weißt du noch, wie man die Schummelgeschichten nennt?
- Was können Finn und Fine sonst noch am Nachmittag unternehmen außer fernzusehen?

Putztag auf der Seegurke

Der Winter ist jetzt endgültig vorbei. Es ist schon richtig warm draußen. Heute ist großer Putztag auf der Seegurke. Alle helfen mit. Auch Finn und Fine. Zusammen macht es doppelt so viel Spaß.

Säbel-Rudi und Haken-Paul holen die Segel aus dem Schrank. „Heiliges Kanonenrohr", ruft Säbel-Rudi, „hier riecht's verdammt nach Mäusekacke." Im Winter haben die Inselmäuse im Schrank gewohnt. Leider haben die Mäusekinder das Segel zerknabbert. „Nächstes Jahr müssen wir besser aufpassen", beschließt Haken-Paul. „Und ich bin der Bewacher", denkt sich Kater Oskar.

Schiffskoch Knut bringt seine Schiffsküche auf Vordermann. Er poliert das Silber und überprüft die Vorräte. „Räuberei auf der Seegurke", schreit Knut entsetzt, als er den Vorratsschrank öffnet. Die Inselmäuse haben das ganze Piratenmüsli aufgefressen. Und die Rosinen. Und die Nüsse. Alles, was stark macht.

Die Piratenkinder dürfen die Kanone putzen. Finn und Fine krabbeln in das Kanonenrohr. Das ist ein Spaß. Sie putzen alles blitzblank. Früher hat das Kanonen-Kurt gemacht. Ganz früher. Als Piraten noch richtige Kanonenkugeln hatten. Das war gefährlich. Jetzt feuert die Mannschaft nur noch Konfettikanonen ab. An Silvester oder am ersten Schultag. Das ist nur noch ein bisschen gefährlich.

Finn und Fine sind fertig mit der Arbeit. Sie trinken kalten Tee und ruhen sich auf Deck aus. Zahnlücken-Conny schrubbt gerade den Boden. Mit warmem Wasser und viel Schmierseife. Conny erzählt ihnen eine Geschichte: „Meine Urururgroßmutter, die wilde Hilde, hat das Schlittschuhlaufen erfunden. Sie hat sich zwei Schrubberbürsten unter die Piratenstiefel geklebt und ist damit übers Deck geschlittert. Kreuz und quer mit Pirouetten."

Finn und Fine müssen lachen. War das jetzt wieder Seemannsgarn? Während sie darüber nachdenken, schlafen sie ein. So viel Arbeiten macht müde. Sie träumen von dicken, fetten Mäusen. Kater Oskar träumt mit.

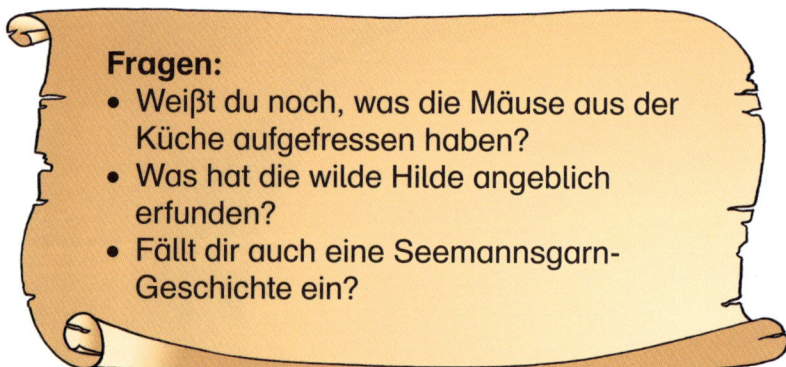

Fragen:
- Weißt du noch, was die Mäuse aus der Küche aufgefressen haben?
- Was hat die wilde Hilde angeblich erfunden?
- Fällt dir auch eine Seemannsgarn-Geschichte ein?

Ausflug zur Höhleninsel

Jeden Morgen weckt Papagei Koko die Inselpiraten. Obwohl heute Sonntag ist, springen Finn und Fine sofort aus dem Bett. Sie haben sich einen Ausflug zur Höhleninsel gewünscht.

Mama und Finn bereiten den Proviant vor. „Ich kümmere mich um Käsebrote, gekochte Eier und Obst", sagt Mama. „Und ich schnipple Gemüsestreifen", ruft Finn. Zur Feier des Tages darf er auch noch eine Tafel Schokolade in den Picknickkorb packen.

Papa und Fine haben das Ruderboot startklar gemacht. „Sieht nach einem piratenstarken Picknick aus", freut sich Fine, als Mama und Finn am Steg ankommen. „Alle Mann an Bord", ruft Papa. Gemeinsam rudern sie zur Höhleninsel.

Die Pirateneltern haben eine Überraschung vorbereitet. Papa holt zwei Schaufeln aus dem Boot. „Wozu brauchen wir die denn?", fragen Finn und Fine neugierig. „Hierfür", sagt Mama geheimnisvoll. „Eine Schatzkarte", rufen die Piratenkinder. „Nun zeigt uns mal, dass ihr keine alten Landratten, sondern richtige Piraten seid", lacht Papa.

Finn und Fine stecken sofort die Nase in die Karte. Fine liest laut vor: „Diese Karte ist nur für mutige Piraten, die keine Anstrengung und kein Abenteuer scheuen." „Also für uns", lachen die beiden und machen sich auf den Weg. Sie laufen zur großen Inselhöhle. Hinter der Höhle müssen sie einen Bach überqueren. Oje, es gibt keine Brücke. Zum Glück finden sie ein altes Holzbrett. Die vier balancieren über den Bach. Sie spielen „gefährliche Schlucht". Papa

trägt den Picknickkorb. Piraten haben vor nichts Angst. Außer, dass sie ihren Proviant verlieren.

„Und jetzt müssen wir weiter in Richtung Osten, bis zur großen Lichtung", sagt Finn. „Und wo ist Osten?", überlegt Fine. Mama hat zum Glück einen Kompass dabei. Die Kinder rennen los. Sie kommen dem Schatz immer näher. Auf der Lichtung schauen die Piratenkinder noch einmal in die Karte. „Hier müssen wir graben", rufen Finn und Fine eifrig. Sie buddeln, dass die Klumpen nur so fliegen. Mama und Papa gehen in Deckung. „Ich spüre was Hartes", ruft Finn. „Die Schatztruhe", lacht Fine.

Die Piratenkinder haben einen ganz roten Kopf und schwitzen. Sie öffnen den Deckel. In der Truhe liegen zwei große Flaschen Saftschorle. „Graben macht durstig", rufen Finn und Fine. So durstig, dass sie gleich die ganze Flasche leertrinken.

In der Schatztruhe sind noch Glasmurmeln, bunte Glitzersteine und zwei Flummis. „Vielen, vielen Dank", rufen Finn und Fine und fallen den Pirateneltern um den Hals. „Beim Klabautermann, das war aber was. So schnell haben wir euch noch nie buddeln gesehen", freuen sich Mama und Papa. Die Piratenkinder sind stolz und erschöpft. Nach einem ausgiebigen Picknick dösen alle vier im Schatten einer Palme ein.

Fragen:
- Weißt du noch, was im Picknickkorb in der Schatztruhe war?
- Was könnte die Piratenfamilie nach ihrem Nickerchen noch auf der Höhleninsel erleben?

Finn und Fine spielen „Wörter reimen"

Um acht Uhr sollen Finn und Fine schlafen. Sagen Mama und Papa. Manchmal haben Piratenkinder aber gar keine Lust zum Schlafen. Dann spielen sie im Bett heimlich „Wörter reimen". Einer denkt sich ein Wort aus. Der andere muss einen Reim finden. Wer keinen Reim findet, hat verloren.

Fine darf anfangen: „Mein Wort kommt nachts, es ist ein Traum." „Und mein Wort hat Nadeln, es ist der Baum", flüstert Finn. „Das gilt nicht, ein Baum hat keine Nadeln", sagt Fine. „Na klar, denk mal an den Tannenbaum!" Da hat Finn leider recht. Fine überlegt ein neues Wort.

„Mein Wort kann blasen, es ist der Wind." „Und mein Wort ist klein, es ist das Kind", fällt Finn ein. Fine denkt nach: „Mein Wort ist noch kleiner, es ist die Maus." Und mein Wort ist winzig, es ist die Laus", kichert Finn.

Jetzt juckt es beide am Kopf. Sofort hat Fine den nächsten Einfall: „Mein Wort hat Haare, es ist der Kopf". In meinem Wort kocht man, es ist der Topf", sagt Finn. „Das war ja puppenleicht", gibt er ein bisschen an.

„Na warte", denkt Fine und sagt: „Mein Wort lebt im Meer, es ist die Qualle." „Das ist jetzt aber ein hundsgemeines Wort", mault Finn, „auf Qualle gibt es keinen guten Reim." „Die Runde geht an mich", jubelt Fine, leider ein bisschen zu laut.

Schon steht Papa im Zimmer. „Bei Neptuns Bart, jetzt wird aber sofort geschlafen", brummelt er. Wenn Papa brummelt, wird es ernst. „Aye, Aye, Käpt'n", sagen Finn und Fine. „Auf Qualle reimt sich übrigens Falle", flüstert Fine und schläft ein. „Und Rache ist Blutwurst", denkt sich Finn und macht die Augen zu.

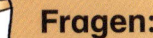

Fragen:
- Welches Spiel spielen Finn und Fine heimlich im Bett?
- Fallen dir noch weitere Wörter ein, die sich auf „Wind", „Maus", „Kopf" und „Qualle" reimen?
- Was machst du, wenn du im Bett liegst und noch nicht einschlafen kannst?

Selbstlesen – Lösungen

Geschichte 1 = Lösung b	Geschichte 6 = Lösung b
Geschichte 2 = Lösung c	Geschichte 7 = Lösung a
Geschichte 3 = Lösung a	Geschichte 8 = Lösung b
Geschichte 4 = Lösung b	Geschichte 9 = Lösung a
Geschichte 5 = Lösung c	

Erklärungen zu den Lesegeschichten

Liebe Eltern, liebe Lehrer/innen, liebe Erzieher/innen, liebe Betreuungspersonen,
das vorliegende Buch „(Vor-)Lesegeschichten mit den Inselpiraten Finn und Fine" ist im Rahmen des Programms „Komm mit in das gesunde Boot" entstanden. „Komm mit in das gesunde Boot" ist ein Programm der Baden-Württemberg Stiftung, welche sich gemeinsam mit dem Universitätsklinikum Ulm die Aufgabe gestellt hat, präventiv im Bereich der kindlichen Gesundheit zu wirken. Ungesunden Verhaltensweisen, die sich oft schon im Kindesalter etablieren, soll vorbeugend begegnet werden.

Schwerpunkt Gesundheitsförderung
Die Schwerpunkte zur Gesundheitsförderung sind in den gesamten Materialien des Programms „Komm mit in das gesunde Boot" einheitlich. Die umfassenden Bereiche „Bewegung", „Ernährung" und „Freizeitverhalten" wurden auf eng abgrenzbare, leicht realisierbare Ziele reduziert, welche sich auch in den Geschichten wiederfinden.

Bewegung
Ziel ist die Förderung von Alltagsbewegung. Die Kinder sollen Spaß und Freude an der Bewegung empfinden und ihnen soll bewusst werden, welche vielfältigen Bewegungsmöglichkeiten ihr Alltag bietet. Bewegtes Spielen als natürlichste Bewegungsform des Kindes soll unterstützt und gefördert werden.

Ernährung

Da gesunde Ernährung ein sehr umfangreiches und komplexes Thema ist, werden hier die Schwerpunkte auf das Trinken und den Obst- und Gemüsekonsum gelegt. Diese beiden Bereiche sind recht unkompliziert (auch vom Kind selbst) und kostengünstig umzusetzen, ohne dass zu tief in die bestehenden Strukturen und Gewohnheiten der Familie bzw. der Einrichtung eingegriffen werden muss. Beim Trinken ist das Ziel eine Reduktion zuckerhaltiger Getränke, Alternativen sollten Wasser, ungesüßter Tee oder Saftschorlen sein. Die Förderung des Obst- und Gemüseverzehrs kann bei allen Mahlzeiten, besonders aber beim Frühstück und Pausenbrot umgesetzt werden.

Freizeitgestaltung

Die Unterstützung bzw. Förderung einer gesunden Freizeitgestaltung ergibt sich zum einen durch die oben genannte Förderung der kindlichen Bewegung. Zum anderen soll eine Reduktion der Zeit, die Kinder vor dem Fernseher, Spielkonsolen oder Computer verbringen, stattfinden. Hier geht es vor allen Dingen um die Bereitstellung von sogenannten Handlungsalternativen. Das Kennenlernen und Ausüben von bewegten Spielen anstelle von Verbringen von Zeit vor einem Bildschirm ist das Ziel dieses Schwerpunkts.

Umgang mit den Lesegeschichten

Die Geschichten in diesem Buch richten sich an Kinder von drei bis zehn Jahren. Für die jüngeren Kinder sind die Geschichten als Vorlesegeschichten, für die Schulkinder als Selbstlesegeschichten gedacht. Das Buch „(Vor-)Lesegeschichten mit den Inselpiraten Finn und Fine" kann in Kombination mit den schon bestehenden Materialien des Programms „Komm mit in das gesunde Boot", aber auch separat davon eingesetzt werden. Die beiden Hauptprotagonisten, die Piratenkinder Finn und Fine, sind bereits die Identifikationsfiguren in den Materialien zum Unterricht „Komm mit in das gesunde Boot. Bewegung, Ernährung und Freizeitgestaltung mit den Inselpiraten" für die 1./2. Klasse und 3./4. Klasse.

In den Lesegeschichten sind die Schwerpunkte der bisherigen Materialien „Bewegung", „Ernährung" und „Freizeitgestaltung" spielerisch und ohne erhobenen Zeigefinger einbezogen. Mit diesen Geschichten

soll die Piratenwelt von Finn und Fine mit Leben gefüllt werden. Damit werden auch ihre Rollen als Identifikationsfiguren gestärkt.

Sowohl die neun kürzeren Selbstlese- als auch die sieben längeren Vorlesegeschichten beinhalten Fragen. Neben Verständnisfragen zum Text werden Fragen zum Erinnern an Details gestellt, es werden Erzählanlässe zu persönlichen Erlebnissen geschaffen und es wird die Möglichkeit gegeben, weiterführende Geschichten zu erfinden. Diese Fragen und die zahlreichen Ausmalvorlagen runden die Arbeit mit den Geschichten ab und unterstützen deren Einsatz.

Die kürzeren Geschichten (Selbstlesegeschichten) sind an die Leselernentwicklung angelehnt. Die Muscheln bieten den Kindern eine Orientierung bezüglich der Schwierigkeitsstufe:
1) Das bunte Boot 🐚
2) Wo ist die Badehose? 🐚
3) Die Bande 🐚+
4) Der Traum 🐚🐚
5) Urlaub in Italien 🐚🐚
6) Finn und Fine im Zoo 🐚🐚+
7) Ich sehe was auf dem Boot 🐚🐚🐚
8) Das ETWAS 🐚🐚🐚
9) Inselhüpfen 🐚🐚🐚+

Vom lautgetreuen Lesen und kurzen Sätzen steigert sich der Anspruch der Geschichten. Kurze Fragen am Ende der Geschichte fördern das sinnverstehende Lesen.